My Grandma's Tales

Царевна-лягушка
The Frog Princess

Bilingual Russian/English Folk Tale
by Svetlana Bagdasaryan

Предисловие

"Сказки моей бабушки" - это серия сказок народов мира. В каждой книге сказка излагается синхронно на двух языках. Книги могут быть интересны как взрослым, так и детям.

Вы сможете прочитать историю на языке, который вы изучаете и проверить ваше понимание, прочтя тот же текст на вашем родном языке. Нет необходимости открывать словарь. Мы употребляем несложные выражения, чтобы сделать книгу легко понимаемой для начинающих.

Мы надеемся, что вы получите удовольствие, читая наши книги и одновременно улучшите знание изучаемого вами языка.

Сказка "Царевна-лягушка"- одна из популярнейших русских народных сказок. Это история об известных фольклорных персонажах: Василисе Премудрой, Иване-царевиче, Кощее Бессмертном и Бабе Яге.

Preface

"My Grandma's Tales" is a series of fairy tales from around the world. The books are bilingual and should be interesting for adults and children as well.

You can read the story in the language that you are learning and verify your understanding by reading the same text in your native language. No need to open the dictionary. We use simple phrases to make the book easy to understand for beginners.

We hope that you will enjoy reading our books while improving knowledge of the language you are learning.

Fairy Tale "The Frog Princess" is one of the most popular Russian folk tales. This is a story about famous folk characters Vasilisa the Wise, Prince Ivan, Koshchei the Deathless and Baba Yaga.

В старые времена у царя было три сына. Когда сыновья повзрослели, царь собрал их и говорит:

- Сынки мои любезные, покуда я еще не стар, мне охота бы вас женить, посмотреть на ваших деточек, на моих внучат.

Сыновья отцу отвечают:

- Что ж, батюшка, благослови. На ком тебе желательно нас женить?

- Возьмите, сынки, по стреле, выходите в чисто поле и стреляйте: куда стрелы упадут, там и судьба ваша.

Сыновья поклонились отцу, взяли стрелы, вышли в чисто поле, натянули луки и выстрелили.

У старшего сына стрела упала на боярский двор, подняла стрелу боярская дочь. У среднего сына упала стрела на широкий купеческий двор, подняла ее купеческая дочь.

* * *

In days gone by there was a King who had three sons. When his sons came of age the King called them to him and said, "My dear lads, I want you to get married so that I may see your little ones, my grand-children, before I die."

And his sons replied, "Very well, Father, give us your blessing. Who do you want us to marry?"

"Each of you must take an arrow, go out into the green meadow and shoot it. Where the arrows fall, there shall your destiny be."

So the sons bowed to their father, and each of them took an arrow and went out into the green meadow, where they drew their bows and let fly their arrows.

The arrow of the eldest son fell in the courtyard of a nobleman, and the nobleman's daughter picked it up. The arrow of the middle son fell in the yard of a merchant, and the merchant's daughter picked it up.

А у младшего сына, Ивана-царевича, стрела улетела неведомо куда. Пошел он ее искать, дошел до болота, видит - сидит лягушка с его стрелой. Иван-царевич говорит ей:

- Лягушка, лягушка, отдай мою стрелу.

А лягушка ему отвечает:

- Возьми меня замуж!

- Что ты, как я возьму в жёны лягушку?

- Бери, знать судьба твоя такая.

Закручинился Иван-царевич. Делать нечего, взял лягушку, принес домой.

Царь сыграл три свадьбы: старшего сына женил на боярской дочери, среднего - на купеческой, а несчастного Ивана-царевича - на лягушке.

Вот царь позвал сыновей:

- Хочу посмотреть, которая из ваших жен лучшая рукодельница. Пусть сошьют мне к утру по рубашке.

* * *

But the arrow of the youngest son, Prince Ivan, flew up and away he knew not where. He walked on and on in search of it, and at last he came to a marsh, where what should he see but a frog sitting on a leaf with his arrow. Prince Ivan said to it, "Frog, frog, give me back my arrow."

And the frog replied, "Marry me!"

"How can I marry a frog?"

"Marry me, for it is your destiny."

Prince Ivan was sadly disappointed, but what could he do? He picked up the frog and brought it home. The King celebrated three weddings: his eldest son was married to the nobleman's daughter, his middle son to the merchant's daughter, and poor Prince Ivan to the frog.

One day the King called his sons and said, "I want to see which of your wives is most skilled with her needle. Let them each sew me a shirt by tomorrow morning."

Сыновья поклонились отцу и пошли.

Иван-царевич пришел домой, сел и голову повесил. Лягушка спрашивает его:

- Что, Иван-царевич, голову повесил? Или горе какое?

- Батюшка велел тебе к утру рубашку ему сшить.

Лягушка отвечает:

- Не тужи, Иван-царевич, ложись лучше спать, утро вечера мудренее.

Иван-царевич лег спать, а лягушка прыгнула на крыльцо, сбросила с себя лягушачью кожу и обернулась Василисой Премудрой, такой красавицей, что ни в сказке сказать, ни пером описать.

Ударила она в ладоши и крикнула:

- Мамки, няньки, собирайтесь, снаряжайтесь! Сшейте мне к утру такую рубашку, какую видела я у моего родного батюшки.

Иван-царевич утром проснулся, лягушка по полу скачет, а рубашка уже лежит на столе. Обрадовался Иван-царевич, взял рубашку, понес к отцу.

Царь в это время принимал дары от других сыновей. Старший сын развернул рубашку, царь принял ее и сказал:

- Эту рубашку будет носить мой слуга.

Средний сын развернул рубашку, царь сказал:

- В ней только в баню ходить.

Иван-царевич развернул рубашку, красиво украшенную златом и серебром.

Царь только взглянул на нее и сказал:

- Ну, вот это рубашка - в праздник ее надевать.

Пошли братья по домам, а старший со средним судят между собой.

- Нет, видно, напрасно мы смеялись над женой Ивана-царевича: она не лягушка, а какая-нибудь колдунья.

Царь опять позвал сыновей.

The sons bowed to their father and went out.

Prince Ivan went home and sat in a corner, looking very sad.

The frog asked him, "Why are you so sad, Prince Ivan? Are you in trouble?"

"My father wants you to sew him a shirt by tomorrow morning."

Said the frog, "Don't be downhearted, Prince Ivan. Go to bed; night is the mother of counsel." So Prince Ivan went to bed, and the frog hopped out on to the doorstep, cast off her frog skin, and turned into Vasilisa the Wise, a maiden fair beyond compare.

She clapped her hands and cried, "Maids and nurses, get ready, work steady! By tomorrow morning sew me a shirt like the one my own father used to wear!"

When Prince Ivan awoke the next morning, the frog was hopping about on the floor, and the shirt lay on the table. Prince Ivan was delighted. He picked up the shirt and took it to his father.

He found the King receiving gifts from his other sons. When the eldest laid out his shirt, the King said, "This shirt will do for one of my servants." When the middle son laid out his shirt, the King said, "This one is good only for the bath-house."

Prince Ivan laid out his shirt, handsomely embroidered in gold and silver.

The King took one look at it and said, "Now this is a shirt indeed! I shall wear it on the best occasions."

The two elder brothers went home and said to each other, "It looks as though we had laughed at Prince Ivan's wife for nothing - it seems she is not a frog, but a sorceress."

Again the King called his sons.

- Пускай ваши жены испекут мне к утру хлеб. Хочу знать, которая лучше стряпает.

Иван-царевич пришел домой, голову повесил. Лягушка его спрашивает:

- Что закручинился?

Он отвечает:

- Надо к утру царю хлеб испечь.

- Не тужи, Иван-царевич, лучше ложись спать, утро вечера мудренее.

А те невестки сперва-то смеялись над лягушкой, а теперь послали бабку посмотреть, как лягушка будет хлеб печь.

А хитрая лягушка это смекнула. Замесила квашню, печь сверху разломала да прямо туда, в дыру, всю квашню и опрокинула. Бабка прибежала к царским невесткам, все рассказала, и те так же сделали.

А лягушка прыгнула на крыльцо, обернулась Василисой Премудрой, ударила в ладоши:

- Мамки, няньки, собирайтесь, снаряжайтесь! Испеките мне к утру мягкий белый хлеб, какой я у моего родного батюшки ела.

Иван-царевич утром проснулся, а уж на столе лежит хлеб, изукрашен разными хитростями: по бокам узоры печатные, сверху города с заставами. Иван-царевич обрадовался, завернул хлеб в в льняное полотенце и понес к отцу. А царь тем временем принимал хлебы от старших сыновей. Их жены-то побросали тесто в печь, как им бабка сказала, а он весь и сгорел. Царь принял хлеб от старшего сына, посмотрел и отослал в людскую. Принял от среднего сына и туда же отослал. А как подал Иван-царевич, царь сказал:

- Вот это хлеб, только в праздник его есть.

"Let your wives bake me bread by tomorrow morning," he said. "I want to know which one cooks the best."

Prince Ivan came home looking very sad again. The frog said to him, "Why are you so sad, Prince?"

"The King wants you to bake bread for him by tomorrow morning," he replied.

"Don't be downhearted, Prince Ivan. Go to bed; night is the mother of counsel."

Now those other daughters-in-law had made fun of the frog at first, but this time they sent an old henwife to see how the frog baked her bread.

But the frog was cunning and guessed what they were about. She kneaded the dough, broke the top of the stove and emptied the dough-trough straight down the hole. The old henwife ran back to the other wives and told them what she had seen, and they did as the frog had done.

Then the frog hopped out onto the doorstep, turned into Vasilisa the Wise, and clapped her hands and cried, "Maids and nurses, get ready, work steady! By tomorrow morning bake me a soft white loaf like the ones I ate when I lived at home."

Prince Ivan woke up in the morning, and there on the table he saw a loaf of bread with all kinds of pretty designs on it. On the sides were quaint figures - royal cities with walls and gates. Prince Ivan was ever so pleased. He wrapped the loaf up in a linen towel and took it to his father. Just then the King was receiving the loaves from his elder sons. Their wives had dropped the dough into the fire as the old henwife had told them, and it came out just a lump of charred dough. The King took the loaf from his eldest son, looked at it and sent it to the servants' hall. He took the loaf from his middle son and did the same with that. But when Prince Ivan handed him his loaf the King said, "Now that is what I call bread! It is fit to be eaten only on holidays."

И приказал царь трем своим сыновьям, чтобы завтра явились к нему на пир вместе с женами. Опять воротился Иван-царевич домой невесел, ниже плеч голову повесил. Лягушка по полу скачет:

- Ква, ква, Иван-царевич, что закручинился? Или услыхал от батюшки слово неприветливое?

- Лягушка, лягушка, как мне не горевать? Батюшка наказал, чтобы я пришел с тобой на пир, а как я тебя людям покажу?

Лягушка отвечает:

- Не тужи, Иван-царевич, иди на пир один, а я вслед за тобой буду. Как услышишь стук да гром, не пугайся. Спросят тебя, скажи: "Это моя лягушонка в коробчонке едет".

Иван-царевич и пошел один. Вот старшие братья приехали с женами, разодетыми, нарумяненными, насурьмлёнными. Стоят да над Иваном-царевичем смеются:

- Что же ты без жены пришел? Хоть бы в платочке её принес. Где ты такую красавицу выискал? Чай, все болота исходил.

Царь с сыновьями, с невестками, с гостями сели за столы дубовые, за скатерти браные - пировать. Вдруг поднялся стук да гром, весь дворец затрясся. Гости напугались, повскакали с мест, а Иван-царевич говорит:

- Не бойтесь, честные гости: это моя лягушонка в коробчонке приехала.

Подлетела к царскому крыльцу золоченая карета о шести белых лошадях, и выходит оттуда Василиса Премудрая, такая красавица - ни думать, ни гадать, только в сказке сказать. Берет она Ивана-царевича за руку и ведет за столы дубовые, за скатерти браные.

Стали гости есть, пить, веселиться. Василиса Премудрая испила из стакана да последки себе в левый рукав вылила. Закусила лебедем да косточки в правый рукав бросила.

And the King bade his sons come to his feast the next day and bring their wives with them. Prince Ivan came home grieving again. The frog hopped up and said, "Why are you so said, Prince Ivan? Has your father said anything unkind to you?"

"Froggy, my frog, how can I help being sad? Father wants me to bring you to his feast, but how can you appear before people as my wife?"

"Don't be downhearted, Prince Ivan," said the frog. "Go to the feast alone and I will come later. When you hear a knocking and a banging, do not be afraid. If you are asked, say it is only your Froggy riding in her box."

So Prince Ivan went by himself. His elder brothers drove up with their wives, rouged and powdered and dressed in fine clothes. They stood there and mocked Prince Ivan: "Why did you not bring your wife? You could have brought her in a handkerchief. Where, indeed, did you find such a beauty? You must have searched all the marshes for her!"

The King and his sons and daughters-in-law and all the guests sat down to feast at the oaken tables covered with handsome cloths. All at once there was a knocking and a banging that made the whole palace shake. The guests jumped up in fright, but Prince Ivan said, "Do not be afraid, good people, it is only my Froggy riding in her box."

Just then a gilded carriage drawn by six white horses dashed up to the palace door and out of it stepped Vasilisa the Wise - a maiden as fair as the sky at dawn, the fairest maiden ever born. She took Prince Ivan by the hand and led him to the oaken tables with the handsome cloths on them.

The guests began to eat, drink and make merry. Vasilisa the Wise drank from her glass and emptied the dregs into her left sleeve. Then she ate some swan meat and put the bones in her right sleeve.

Жены старших царевичей увидали ее хитрости и давай то же делать.

Попили, поели, настал черед плясать. Василиса Премудрая подхватила Ивана-царевича и пошла. Уж она плясала, плясала, вертелась, вертелась - всем на диво. Махнула левым рукавом - вдруг сделалось озеро, махнула правым рукавом - поплыли по озеру белые лебеди. Царь и гости диву дались.

А старшие невестки пошли плясать: махнули рукавом - только гостей забрызгали; махнули другим - только кости разлетелись, одна кость царю по лбу попала. Царь рассердился и прогнал обеих невесток.

В ту пору Иван-царевич отлучился потихоньку, побежал домой, нашел там лягушачью кожу и бросил ее в печь, сжег на огне.

* * *

The wives of the elder princes saw her do this and they did the same.

When the eating and drinking were over, the time came for dancing. Vasilisa the Wise took Prince Ivan and tripped off with him. She whirled and danced, and everybody watched and marveled. She waved her left sleeve, and lo! a lake appeared! She waved her right sleeve, and white swans began to swim on the lake. The King and his guests were struck with wonder.

Then the other daughters-in-law went to dance. They waved one sleeve, but only splashed wine over the guests; they waved the other, but only scattered bones, and one bone hit the King right in the forehead. The King flew into a rage and drove both daughters-in-law away.

Meanwhile, Prince Ivan slipped out and ran home. There he found the frog skin and threw it into the fire.

Василиса Премудрая возвращается домой, хватилась - нет лягушачьей кожи. Села она на лавку, запечалилась, приуныла и говорит Ивану-царевичу:

- Ах, Иван-царевич, что же ты наделал? Если бы ты еще только три дня подождал, я бы вечно твоей была. А теперь прощай. Ищи меня за тридевять земель, в тридесятом царстве, у Кощея Бессмертного... Обернулась Василиса Премудрая серой кукушкой и улетела в окно.

Иван-царевич поплакал, поплакал, поклонился на четыре стороны и пошёл куда глаза глядят - искать жену, Василису Премудрую. Шел он близко ли, далеко ли, долго ли, коротко ли, сапоги проносил, кафтан истер, шапчонку дождик иссек. Попадается ему навстречу старичок.

- Здравствуй, добрый молодец! Что ищешь, куда путь держишь?

Иван-царевич рассказал ему про свое несчастье.

* * *

When Vasilisa the Wise came home, she looked for the frog skin but could not find it. She sat down on a bench, sorely grieved, and said to Prince Ivan, "Ah, Prince Ivan, what have you done? Had you but waited three more days I would have been yours forever. But now, farewell. Seek me beyond the Thrice-Nine Lands, in the Thrice-Ten Kingdom, where Koshchei the Deathless dwells." So saying, Vasilisa the Wise turned herself into a gray cuckoo and flew out of the window. Prince Ivan wept long and hard, then bowed in all four directions and went forth he knew not where to seek his wife, Vasilisa the Wise. How long he walked is hard to say, but his boots wore down at the heels, his tunic wore out at the elbows, and his cap became battered by the rain. By and by he met a little man, as old as old can be.

"Good day, my lad," said the little old man. "Where are you going and what is your errand?"

Prince Ivan told him about his trouble.

Старичок говорит ему:

- Эх, Иван-царевич, зачем ты лягушачью кожу спалил? Не ты её надел, не тебе ее было снимать. Вот тебе клубок: куда он покатится, туда и ты ступай за ним смело.

Иван-царевич поблагодарил старичка и пошел за клубочком. Клубок катится, он за ним идет. Встретил он медведя. Иван-царевич прицелился, хочет убить зверя. А медведь говорит ему человеческим голосом:

- Не убивай меня, Иван-царевич, когда-нибудь я тебе пригожусь.

Иван-царевич пожалел медведя, не стал в него стрелять, пошел дальше. Глядь, летит над ним селезень. Иван-царевич прицелился, а селезень говорит ему человеческим голосом:

- Не убивай меня, Иван-царевич, я тебе пригожусь.

* * *

"Ah, why did you burn the frog skin, Prince Ivan?" said the little old man.

"It was not yours to keep or do away with. Take this ball of yarn and follow it without fear wherever it rolls."

Prince Ivan thanked the little old man and followed the ball of yarn. It rolled on and he came after. He met a bear. Prince Ivan took aim and was about to kill it, but the bear spoke in a human voice: "Do not kill me, Prince Ivan, for you may have need of me someday."

Prince Ivan spared the bear's life and went on farther. Suddenly he saw a drake flying overhead. He took aim with his bow, but the drake said in a human voice, "Do not kill me, Prince Ivan, for you may have need of me someday."

Пожалел он селезня и пошел дальше. Бежит косой заяц. Иван-царевич опять прицелился, а заяц говорит человеческим голосом:

- Не убивай меня, Иван-царевич, я тебе пригожусь!

Пожалел он зайца, пошел дальше. Подходит к синему морю и видит - на берегу, на песке, лежит щука, едва дышит и говорит ему:

- Ах, Иван-царевич, пожалей меня, брось в синее море!

Он бросил щуку в море, пошел дальше берегом. Долго ли, коротко ли, прикатился клубочек к лесу. Там стоит избушка на курьих ножках, кругом себя поворачивается.

- Избушка, избушка, стань по-старому, как мать поставила: к лесу задом, ко мне передом. Избушка повернулась к нему передом, к лесу задом. Иван-царевич вошел в нее и видит - на печи, на девятом кирпиче, лежит бага-яга, костяная нога, зубы - на полке, а нос в потолок врос.

* * *

He spared the drake and went on. A hare came running by. Again Prince Ivan snatched his bow to shoot it, but the hare said in a human voice, "Do not kill me, Prince Ivan, for you may have need of me someday."

So he spared the hare and went on. He came to the blue sea and saw a pike lying on the sandy beach gasping for breath. "Ah, Prince Ivan," said the pike, "take pity on me and throw me back into the blue sea."

So he threw the pike into the sea and walked on along the shore. By and by the ball of yarn rolled into a forest, and there stood a little hut on hen's feet, turning round and round. "Little hut, little hut, turn your back to the trees and your face to me, please."

The hut turned its face to him and its back to the trees. Prince Ivan walked in, and there, sitting in the corner, was Baba-Yaga, the witch with a broom and a switch, a bony hag with a nose like a snag.

- Зачем, добрый молодец, ко мне пожаловал? - говорит ему баба-яга. - Дело пытаешь или от дела пытаешь?

Иван-царевич ей отвечает:

- Ах ты, старая хрычовка, ты бы меня прежде накормила, напоила, в бане выпарила, тогда бы и спрашивала.

Баба-яга в бане его выпарила, напоила, накормила, в постель уложила, и Иван-царевич рассказал ей, что ищет свою жену, Василису Премудрую.

- Знаю, знаю, - говорит ему баба-яга, - твоя жена теперь у Кощея Бессмертного. Трудно ее будет спасти, нелегко с Кощеем сладить: его смерть на конце иглы, та игла в яйце, яйцо в утке, утка в зайце, тот заяц сидит в каменном сундуке, а сундук стоит на высоком дубу, и тот дуб Кощей Бессмертный как свой глаз бережёт.

Иван-царевич у бабы-яги переночевал, и наутро она ему указала, где растет высокий дуб. Долго ли, коротко ли, дошел туда Иван-царевич, видит - стоит, шумит высокий дуб, на нем каменный сундук, а достать его трудно.

* * *

"Who comes here? Where from? Where to?" asked BabaYaga.

"You might give me meat and drink and a steam bath before asking questions," retorted Prince Ivan. So Baba-Yaga gave him a steam bath, gave him meat and drink, and put him to bed. Then Prince Ivan told her he was seeking his wife, Vasilisa the Wise.

"I know, I know," said Baba Yaga. "Your wife is now in the power of Koshchei the Deathless. It will be hard for you to rescue her. Koshchei is more than a match for you. His death is at the point of a needle. The needle is in an egg; the egg is in a duck; the duck is in a hare; the hare is in a stone casket; the casket is at the top of a tall oak tree that Koshchei the Deathless guards as the apple of his eye."

Prince Ivan spent the night at Baba-Yaga's, and in the morning she showed him the way to the tall oak. How long he walked it is hard to say, but by and by he came to the tall oak tree with the stone casket at the top of it. But it was hard to reach.

Вдруг откуда ни возьмись, прибежал медведь и выворотил дуб с корнем. Сундук упал и разбился. Из сундука выскочил заяц - и наутек во всю прыть. А за ним другой заяц гонится, нагнал и в клочки разорвал. А из зайца вылетела утка, поднялась высоко, под самое небо. Глядь, на нее селезень кинулся; как ударит ее - утка яйцо выронила, упало яйцо в синее море...

Тут Иван-царевич залился горькими слезами - где же в море яйцо найти! Вдруг подплывает к берегу щука и держит яйцо в зубах. Иван-царевич разбил яйцо, достал иголку и давай у нее конец ломать. Он ломает, а Кощей Бессмертный бьется, мечется. Сколько ни бился, ни метался Кощей, сломал Иван-царевич у иглы конец, Кощей и умер.

Иван-царевич пошел в Кощеевы палаты белокаменные. Выбежала к нему Василиса Премудрая, поцеловала его в сахарные уста. Иван-царевич с Василисой Премудрой воротились домой и жили долго и счастливо до глубокой старости.

* * *

Suddenly, up came the bear, and pulled the tree out, roots and all. Down fell the casket and broke open. Out of the casket sprang a hare and scampered off as fast as it could. The other hare gave chase, caught it and tore it to bits. Out of the dead hare flew a duck, and shot high into the sky. But in a twinkling, the drake was at it. The duck dropped the egg, and down it fell into the blue sea.

At this Prince Ivan wept bitter tears. How could he find the egg in the sea? But all at once the pike swam up with the egg in its mouth. Prince Ivan broke the egg, took the needle out, and set about breaking the point off. The more he bent it, the more Koshchei the Deathless writhed and screamed, but all in vain. Prince Ivan broke off the point of the needle and Koshchei fell down dead.

Prince Ivan went to Koshchei's white stone palace. Vasilisa the Wise came running out to meet him and kissed him deeply. And Prince Ivan and Vasilisa the Wise went back to their own home and lived in peace and happiness to a ripe old age.

ACKNOWLEDGEMENT

I want to thank my granddaughter Christina for being my sweet inspiration in creating this book. Enjoy it!
Svetlana

Printed in Great Britain
by Amazon